AF469801

ÉTUDE

SUR

L'ABBÉ COCHET

PAR

CHARLES RŒSSLER

PARIS
ED. ROUVEYRE, ÉDITEUR
45, RUE JACOB, 45

1886

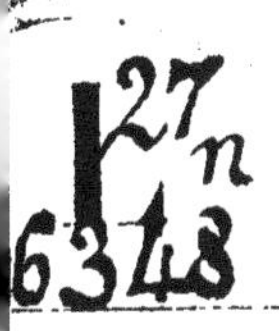

ÉTUDE

SUR

L'ABBÉ COCHET

ÉTUDE

SUR

L'ABBÉ COCHET

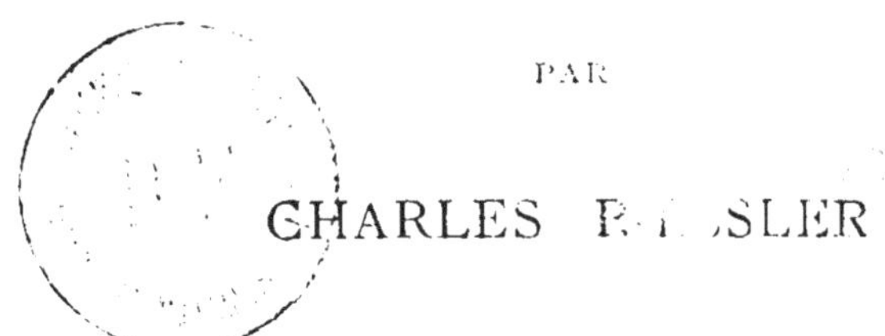

PAR

CHARLES RŒSSLER

PARIS
ED. ROUVEYRE, ÉDITEUR
45, RUE JACOB, 45

1886

Les amis de l'abbé Cochet n'ont rien négligé pour conserver son souvenir longtemps vivace parmi nous : un monument a été élevé sur son tombeau; un buste a été placé dans la cour d'honneur du musée départemental d'antiquités. Une liste très détaillée de ses ouvrages a été publiée par un auteur qui aurait pu rendre de grands services, s'il s'était déterminé à les commenter. Mais la trop grande modestie de cet écrivain l'a empêché jusqu'ici de publier ce travail d'ensemble. Il est vrai que d'autres amis ont fait paraître de bien intéressantes notices, qui viennent en quelque sorte compléter l'œuvre des membres du comité pour le monument.

Cependant doit-on tarder plus longtemps à parler des travaux archéologiques proprement dits de M. Cochet? Cette carrière, si utilement remplie, ne mérite-t-elle pas un instant d'examen, qui permette de fixer l'attention sur sa méthode et sur les résultats qu'on peut en tirer? — Après une admiration enthousiaste et un peu exclusive, n'est-on pas tombé dans un excès contraire, en faisant trop bon marché de travaux dont la tradition semble parfois vouloir disparaître?

Nous pensons que la comparaison de la méthode de M. Cochet avec celles de ses prédécesseurs et de ses contemporains, en montre la supériorité, et laisse toujours notre auteur au rang qu'il méritait et qu'il remplissait si bien.

On a dit que notre auteur « possédait à un haut degré la passion de la science, qui dévorait sa vie; mais que c'était, avant tout, un homme de foi et un prêtre de fidélité stricte aux grandes lignes du christianisme. » Cette assertion est vraie au fond, mais nous croyons qu'elle abonde un peu dans le sens de ceux qui croyaient trouver de l'antagonisme entre les études de M. Cochet et son caractère de prêtre, et se voyaient en quelque sorte amenés à justifier ce double emploi de ses facultés.

Une personnalité accentuée comme la sienne,

s'affirmant par des recherches toujours mises en vive lumière au moyen d'une publicité, parfois hâtive nous en convenons, devait froisser bien des susceptibilités, éveiller bien des scrupules. Entre l'auteur, travailleur infatigable, et l'orateur, abondant et enthousiaste, on avait parfois peine à se reconnaître. On doit pourtant se souvenir que, pour la grande majorité de ses admirateurs, un peu de déclamation ne passait pas pour une preuve de mauvais goût, même lorsque l'entraînement de la discussion ou les joyeux éclats d'un esprit imagé l'attiraient dans des récits, où il ne se contentait pas du rôle le plus médiocre. De là peut-être un peu d'embarras chez ceux qui ne connaissaient que le parleur ou le collègue, et qui ne cherchaient pas à approfondir le caractère de l'auteur dans son œuvre même, par ses propres livres.

N'oublions pas non plus que peu d'auteurs ont lutté autant que l'abbé Cochet pour faire valoir une mission scientifique. Pendant trente ans, nous le voyons combattre des influences de tout genre; ce n'est qu'à la fin de sa carrière qu'il est accepté pour ce qu'il est, c'est-à-dire pour un savant de premier ordre. Bien des gens ne connaissant que ses derniers travaux, il est peut-être utile de recourir aux procès-verbaux de son cercle favori, la commission des antiquités de la Seine-Inférieure. Nous y retrouvons en même temps le souvenir de quelques autres antiquaires bien connus des lecteurs des ouvrages de notre auteur.

« *Séance du 6 Mars 1834.* — M. Emmanuel Gaillard donne communication de deux lettres de M. Cochet, séminariste d'Étretat, sur l'existence d'une villa romaine dans le territoire de cette commune, et sur les antiquités du moyen âge qu'on y a découvertes à diverses époques. »

Emmanuel Gaillard fut en effet le premier homme de lettres qui avait encouragé le jeune Cochet par cette sympathie aimable qui est le privilège des belles natures. Comme le disait tout récemment le savant M. de Caumont : « le nom de M. Gaillard de Folleville est bien loin de nous, et cependant combien ses travaux nous ont été utiles ! » Les événements politiques d'alors, et les querelles d'académie qui en furent la conséquence, emportèrent en effet le souvenir de ces travaux et de bien d'autres. Mais il nous paraît impossible de comprendre les travaux de M. Cochet sans nous rendre compte de l'influence qu'exerça sur son jeune esprit la physionomie aimable et distinguée d'Emmanuel Gaillard de Folleville.

A la suite de cette merveilleuse renaissance de l'art national, qui brilla surtout par les belles traductions artistiques de Taylor, Nodier, Athalin. Isabey, Horace Vernet et autres collaborateurs du « Voyage dans l'ancienne France », l'enthousiasme, l'admiration des vieux sites, des ruines pittoresques; la lecture des chroniques des bénédictins, — dont la publication venait d'être reprise et abordait précisément le XIe et le XIIe siècles, c'est-à-dire l'histoire de Normandie, — amenèrent la critique de ces belles esquisses. On remonta aux anciennes publications de l'Académie des inscriptions. qu'on prit pour modèle; et, là, on reconnut qu'on était toujours sur le même terrain. L'abbé Galland, le docte traducteur des *Contes Persans*, s'était le premier occupé des inscriptions romaines de Lillebonne; l'abbé Belley, avait tout spécialement refait la géographie romaine de cette même portion du pays. Dès 1812, Rever, qui avait cultivé la science pendant la tourmente révolutionnaire dans son pays même, entre Pont-Audemer et Lillebonne, surveillait les importantes découvertes du théâtre romain. Est-il besoin de rappeler tous ces travaux dont Lillebonne, la ville romaine, était toujours l'objet principal ? — Oui, parce que ce sont ces travaux-là qui forment le véritable fond des premières connaissances de M. Cochet. Si l'on veut bien relire les ouvrages des auteurs que nous venons de citer, on y retrouvera les mêmes faits, qu'il publia ensuite, avec les compléments fournis par les nouvelles découvertes de Gaillard et de Deville.

Plus spécialement occupé de sa tâche d'historien, Deville était pourtant un antiquaire bien sérieux. Il ne manqua pas d'initier le jeune Cochet à ses recherches. Et à cette époque, la librairie rouennaise fournissait des ouvrages vraiment remarquables sur les antiquités du pays. On venait de faire paraître coup sur coup, pour ainsi dire, tous les volumes qui ont formé le noyau des études des membres de la commission des antiquités. Rever avait ouvert la marche avec son : *Voyage des élèves de l'école centrale de l'Eure pendant les vacances de l'an VIII*, mais s'était arrêté jusqu'au moment où il publia la *Notice sur une statue en bronze doré* et la *Notice sur les ruines de Lillebonne*. Brévière imaginait la gravure sur *bois debout*. Deville dessinait sur pierre et sur cuivre, et utilisait le premier les archives de la préfecture. Ses études sur le *Château Gail-*

lard et l'*Histoire de Tancarville*, resteront ce qu'elles étaient alors, de véritables œuvres classiques. Auguste Le Prévost guidait tous ses confrères, au milieu de tant de recherches et de tant de découvertes.

Après le théâtre romain de Lillebonne, la statue en bronze doré et les vases d'argent de Berthouville montrèrent tout ce que l'archéologie pouvait faire espérer dans un terrain qui se montrait si favorable. Lorsque Gaillard se chargea de suivre les découvertes à Lillebonne, il y avait donc à Rouen une véritable école d'archéologie et de critique historique. On connaît le cachet artistique que Langlois devait lui donner, mais on oublie souvent combien d'éléments précieux cette école apportait au groupe qui se formait à Caen, à la nouvelle Société des *Antiquaires de Normandie*. Qu'on n'omette pas la part importante qui revient à ces prédécesseurs de l'abbé Cochet, dans la nouvelle méthode, recueillie et commentée avec soin dans les conférences de M. de Caumont sur les *Antiquités monumentales*.

Nous trouvons même les ouvrages historiques de Deville si bien faits que nous ne leur connaissons guère jusqu'ici que des commentaires. En effet, après ceux que nous venons de citer, d'autres auteurs se montrèrent qui furent beaucoup moins heureux : Guilmeth et Fallue, par exemple, entreprirent une tâche peut-être trop vaste et qui est encore restée inachevée. Ils s'illusionnèrent un peu sur les programmes qu'on formula à cette époque. Au lieu de l'approbation que les auteurs de monographies avaient rencontrée dans les académies de Paris, et la part une fois faite de toutes ces belles découvertes fortuites, il se manifesta un esprit un peu différent, dans la forme, sinon peut-être dans le but qu'on se proposa.

Pour quiconque étudie les livres et les hommes de cette époque, il est incontestable qu'il se produisait en Normandie un grand changement. Ce changement était inévitable, dira-t-on ; mais il fit disparaître les belles productions si originales de nos écrivains, les jolis volumes si richement illustrés. Est-ce aux auteurs ou au public qu'il faut s'en prendre si on regrette, comme nous, cette diminution de la richesse littéraire et artistique de tout une grande province ? Au public, nous ne le croyons pas. Aux auteurs, peut-être. Mais c'est surtout l'esprit exagéré de contrôle et de doctrine de l'époque qui vint décourager les auteurs. On n'accueillit plus avec la même faveur les recherches sur l'histoire de France ; souvent même on voulut les ridiculiser. Un mauvais souffle contradicteur venait agiter les réunions, paisibles la veille. Le journalisme commença à faire perdre toute actualité au volume. Pour un auteur nouveau, il devait donc être bien difficile d'égaler ses prédécesseurs, et en même temps de capter la faveur du public. Une méthode nouvelle était-elle nécessaire pour cela?

Ce fut peut-être l'absence de méthode qui réussit d'abord à l'abbé Cochet. Toujours et avant tout l'homme de son époque, il se pénétra des enseignements d'Emmanuel Gaillard et de Deville sur les Gaulois et les Romains, mais il suivit attentivement les cours publiés par de Caumont, s'appliquant en même temps à vérifier avec soin ce qui pouvait être accepté dans une chronologie bien critiquée. Les études un peu restreintes qu'il avait faites le laissaient en présence des faits tels que le sol les révélait. Il fallait les contrôler, en s'attachant aux traditions locales, aux découvertes personnelles, aux conversations entre amis, où nombre de renseignements controuvés venaient se mêler à quantité d'autres bons et utiles à connaître.

Quoique né au Havre même, c'est-à-dire au quartier du bas Sanvic, l'abbé Cochet, dont le berceau avait été des plus modestes. ne se trouvait pas vraiment chez lui dans cette ville bruyante et mouvementée. Ses années d'enfance, passées dans la modeste bourgade d'Etretat, racontent plutôt comment son goût pour les antiquités put se développer de si bonne heure.

Ce furent les Romains qui d'abord appelèrent son attention. Il partagea longtemps l'opinion qui leur faisait honneur d'un ancien mur fermant la vallée d'Étretat au bord de la mer. Quelques débris, quelques monnaies, d'abord difficiles à déchiffrer, semblèrent justifier cette illusion. Bientôt le jeune Cochet vit détruire des urnes antiques, que les paysans lui dirent avoir été enfouies par des sorciers. Tout autour d'Étretat, des *dames blanches* avaient été vues dansant sur les *ronds des fées*, des *cavaliers* se jetaient dans les précipices ; et, pour preuve de ces événements extraordinaires, on montrait d'énormes pierres arrachées à des autels primitifs si grands que la main seule des géants avait pu les mettre en mouvement.

On sait combien l'imagination de notre futur auteur avait été frappée de ces premières impressions : il devait lui-même nous parler de l'histoire « de la grande ville de Berneval qui avait été la *capitale* de la France avant qu'un cataclysme n'eût *ouvert* les vallées du pays ; de la pierre tournante ou *Torniole* à Pierrefiques ; de ces vastes champs de bruyères de Bruneval et de ces monticules recouvrant les cendres des héros disparus. La mélancolie sauvage particulière à la vieille Armorique se retrouvait là, « et le paysan au teint hâve et pâle, vêtu de la saie et de la braie gauloise, haussait la voix pour raconter les merveilles de l'histoire ancienne du pays. — Si l'on rit, il se fâche, il vous traite d'*ignorant*, et vous renvoie aux *cartes* du pays, où tous ces faits sont consignés. » Voilà bien ce qu'écrivait l'abbé en 1839; il n'était plus l'auditeur crédule d'auparavant. Mais qu'on lise un de ses derniers ouvrages, où l'érudition n'est plus de mise: *Étretat, son passé, son présent, son avenir*. Il parlera bien des *caloges*, ou vieilles barques servant de magasin aux pêcheurs et faisant l'admiration des artistes qui envahissaient alors cette plage. Mais les vieux contes de trésors cachés; les pétrifications bizarres; les rochers à forme singulière où s'ouvraient des grottes, qui n'étaient que le commencement d'immenses souterrains, y ont leur place marquée. C'était toujours bien l'ancien attirail de merveilles qui avait captivé autrefois l'enfant du pays, en lui inculquant son lyrisme et son originalité. La poésie du vulgaire est grande et belle dans sa simplicité; et il a toujours été intéressant de noter combien par la suite notre antiquaire triomphait quand il pouvait expliquer par l'histoire un fait nié par le scepticisme, et, combien la tournure légendaire et anecdotique restait au fond la sienne, malgré des études sérieuses et des raisonnements solides.

Assurément notre Cochet était l'homme du pays. Voilà son secret, et voilà toute sa science. Dès l'enfance, il avait embrassé, sans s'en apercevoir, le cercle de ses études et, à mesure que celles-ci se développaient, il devait y faire entrer les travaux des spécialistes qui l'avaient précédé, et marcher toujours en avant, de manière à dépasser rapidement presque tous ses confrères.

Quelques premiers essais, où le talent d'exposition se montrait dans la netteté du fond plutôt que sous la forme, qui paraissait inculte, promettaient déjà de très bonne heure. Mais l'influence des premiers professeurs était venue combattre ces hâtives dispositions, et c'est à côté d'Emmanuel Gaillard seulement que nous voyons notre jeune savant commencer sa carrière.

« M. Gaillard propose (mars 1834) à la Commission des antiquités de conférer à M. Cochet le titre de correspondant pour les antiquités des cantons de Goderville, Criquetot et Fécamp. » Deux mois plus tard, le nouveau commissaire accuse réception de sa nomination en envoyant à la commission un mémoire sur les antiquités d'Étretat.

En août, notes relatives à des antiquités découvertes à Fécamp.

Janvier 1835. — Encore quelques trouvailles à Étretat : des tuiles romaines et une cuiller en bronze. Les antiquaires du département proposent de faire des fouilles en règle à Étretat. Mais il semble y avoir des difficultés locales, car « M. Cochet demande l'ajournement jusqu'au printemps, après que M. Deville aura pu y venir lui-même. »

Cependant il se mit à l'œuvre, et il découvrit une petite villa romaine dans l'enclos de l'ancien presbytère où il avait aperçu, dès 1830, quelques constructions caractéristiques. On y trouva deux salles ; au fond de l'une était « un baptistère romain, lambrissé en pierres de liais, précédé d'un pavage orné d'une rose et accompagné d'un canal pour l'écoulement des eaux. » Il y recueillit des crépis coloriés, des tuyaux de chaleur, des épingles en os, du verre, du plomb fondu, et quelques monnaies d'Adrien, de Trajan et de Vespasien.

Mais on ne put terminer l'exploration, le desservant d'Étretat ayant fait remblayer avant la nouvelle saison.

Ici nous voyons poindre un nouveau système archéologique : au lieu de longues dissertations avec des comparaisons de topographie historique et des étymologies rapprochées plus ou moins logiquement, on note simplement le produit d'une découverte en attendant qu'une autre série de trouvailles semblables vienne fournir un ensemble. A mesure que les explorations se multiplieront, nous verrons ce système devenir de plus en plus celui de l'abbé Cochet.

En attendant, l'architecture religieuse lui donnait lieu à quelques comparaisons.

Une modeste église, à plein-cintre du XIe ou du XIIe siècle, avec un clocher de la belle transition ogivale pareille à celle de Fécamp, voilà le point de départ, presque primitif, de notre nouveau monumentaliste. Dans le pays tout alentour, rien ne se trouvait, sinon une fenêtre flamboyante à Saint-Jouin ; des débris de vitraux du XVIe siècle, représentant les miracles de St-Martin au Tilleul ; un joli petit portail roman à Villainville ; quelques fragments hétéroclites aux Loges ; un grand clocher, peut-être du XVe siècle, et un calvaire de la Renaissance italienne à Vattetot. Avec ces éléments si simples, la confusion était difficile. Le jeune antiquaire débuta donc en étudiant le plein-cintre, qui est la base en quelque sorte classique des monuments du pays de Caux. Une occasion presque unique s'offrit bientôt. Prévenu par M. Robin, de Goderville, et le docteur Hachard, de Saint-Romain, il apprit qu'on avait décidé la démolition d'une église à Saint-Jean-d'Abbetot. Vite il sonna l'alarme auprès de la Commission des antiquités. Celle-ci s'émut, car on y avait vu des peintures murales ; on parlait d'une petite église souterraine, que plus d'un croyait pouvoir faire remonter aux premiers temps du christianisme. D'ailleurs tout l'édifice même était d'un style barbare et primitif, qui pouvait remonter à une époque très reculée.

La lettre d'Achille Deville, écrite à cette époque, montre combien cette menace de démolition avait ému le camp des archéologues.

« Monsieur le Sous-Préfet du Havre, dit-il, pour justifier la prochaine démolition de l'église de Saint-Jean-d'Abbetot, arrêtée par le Conseil municipal de la Cerlangue, nous écrit que cette église n'offrait rien d'intéressant. Il est possible que tel soit l'effet que produise cet édifice au premier moment, sur un œil inexercé : cela tient uniquement à l'âge reculé de cette église, qui fut construite à une époque où l'architecture dite gothique n'avait pas encore pris le caractère de richesse et d'élégance qui frappe dès l'abord ceux qui ne jugent les monuments que par la profusion des ornements. L'antiquité de l'église d'Abbetot est donc son principal mérite ; elle date du XIe siècle et remonte au règne de Guillaume le Conquérant. Elle a survécu au petit nombre d'édifices de cette époque reculée, dont les églises de Saint-Georges de Boscherville et de Jumièges nous offrent de si beaux types. Ce qui la distingue même de ces vastes basiliques, c'est la chapelle souterraine ou crypte qu'elle possède (elle est placée sous le chœur). Des chapiteaux d'un style original et barbare, des corbeaux à têtes grimaçantes et surtout des espèces de peintures à fresques, lui donnent comme détails un nouveau mérite. C'est un précieux spécimen de notre ancienne architecture normande. Cette église était sous le patronage des sires de Tancarville. Le premier d'entre eux, Raoul, qui fut gouverneur de Guillaume le Conquérant et son grand chambellan, la cite dans sa charte de fondation de l'église de Saint-Georges de Boscherville, qu'il construisit en l'an 1050.

» L'avantage que la commune de la Cerlangue tirerait de la démolition de cette petite église ne peut entrer en balance avec l'intérêt, sous le rapport de l'antiquité et de l'histoire nationale, que présente cet édifice. En prescrire la conservation, ne serait-ce pas entrer dans les vues éclairées du gouvernement, qui vient de créer auprès du ministère de l'instruction publique une commission chargée de l'étude et de la recherche de nos vieux monuments, comme aussi dans celles de MM. les ministres de l'intérieur et des cultes. Réparer et successivement entretenir la toiture de l'église, telle serait la seule dépense à faire pour lui assurer plusieurs siècles encore d'existence. »

Un mémoire en ce sens est adressé au préfet et signé : « de la Quérière, Deville, A. Floquet, E. Gaillard, E.-H. Langlois, Martin de Villers, André Pottier, E. de Stabenrath et Ballin. » Au dessous de cette dernière signature est écrit : " M. Auguste Le Prévost m'a chargé d'appuyer fortement en son nom, *Ballin* " ; en un mot, le ban et l'arrière-ban des antiquaires. On voit que Cochet avait frappé à la bonne porte, et cette fois c'était un succès d'enthousiasme bien autrement encourageant que le marchandage local qui s'était terminé par le remblaiement de la fouille au presbytère d'Étretat.

Il ne s'agit plus ici de ces Romains, dont les trésors ont vraiment bien peu de valeur intrinsèque, et que le vulgaire mettra toujours en doute. Nous entrons en plein dans la grande épopée normande, et nous étudions une véritable crypte chrétienne, premier point de départ de tout un monde archéologique.

Aussi faut-il voir l'enthousiasme de l'abbé Cochet lorsqu'il rend compte de cette victoire monumentale, lorsqu'il raconte sa première visite à l'église de Saint-Jean-d'Abbetot, dans laquelle on ne pouvait plus pénétrer que par la fenêtre « et dont les murs, suintant d'humidité, étaient recouverts comme d'une lèpre hideuse, tandis que les orages et la foudre avaient ébranlé depuis longtemps les toitures et les voûtes ». Vingt ans après, il était encore sous la même impression, et, s'il ne parlait plus de *ces cryptes où, selon l'expression de Duchesne, latitèrent les premiers chrétiens,* il ne manquait pas de qualifier de barbare et de rudimentaire la modeste église des vassaux du chambellan.

Anatole Dauvergne, qui a restauré l'église d'Abbetot, se montre plus réservé et, en suivant l'école, plus nouvelle, de Viollet-le-Duc, il est d'avis que cette architecture ne peut dater que du XIIe siècle. Est-ce ici le moment de discuter cette question laquelle, résolue de cette manière, ne tendrait rien moins qu'à faire honneur aux Plantagenets de ce que la pleïade des antiquaires du pays avait cru pouvoir faire dater de Guillaume Ier? Par la suite, l'abbé Cochet, devenu moins enthousiaste qu'au début des classifications de M. de Caumont, évitait de se prononcer toutes les fois qu'on pouvait hésiter entre le XIe ou le XIIe siècle. Mais il n'oubliait pas les dates sérieusement établies par Le Prévost et Deville, tant pour Abbetot que pour Saint-Georges, et il lui paraissait difficile de consentir à l'hypothèse un peu gratuite de tant de reconstructions dans l'espace de moins d'un siècle.

Une autre question, qu'on ravivait souvent à cette époque, c'était celle de la date de l'église de Coutances, où plus d'un monumentaliste vint échouer. Mais, malgré quelques hésitations, l'abbé suivit la véritable voie. Il en résulta donc qu'il commença les explorations des églises du pays sur une base générale que nous chercherons à résumer en quelques mots, et qui tient autant au système de Caumont qu'à la classification provisoire adoptée par Auguste Le Prévost et dont on peut voir de magnifiques illustrations dans le bel ouvrage publié vers 1820, par Pugin et Le Keux.

Églises Romanes.

Architecture nue, estimée du XIe siècle. Les détails ornementés apparaissent à la fin du XIe siècle.

Dans ce système, le corps de l'œuvre de Saint-Georges de Boscherville, la tour de Saint-Jean-d'Abbetot, seront du XIe siècle. L'église de Manéglise, les portes ornées de Sainneville-sur-Seine, de Montivilliers, le portail de St-Georges, seront du XIIe siècle.

Transition.

Seconde moitié du XIIe siècle. Alliance des cintres et des ogives.

Églises ogivales. Style à lancettes.

Fin du XIIe et XIIIe siècles.

Style Rayonnant.

XIVe siècle. Peu ou point rencontré; à cause, sans doute, des grandes guerres de cette époque.

Style Flamboyant.

XVe et XVIe siècles.

Style Renaissance.

L'hésitation se montre surtout quand il s'agit de différencier le style à lancettes du style de la transition, et les divers styles qu'on appelait *Renaissance.* Un monumentaliste que nous regrettons de n'avoir pas vu prendre la plume à ce sujet, M. Georges Bouët, de Caen, a expliqué plusieurs fois le parti qu'on devrait tirer de l'étude de la cathédrale de Lisieux et de l'abbaye de Fécamp. Mais l'abbé Cochet n'a pas voulu trancher une question aussi grave de sa propre autorité, pas plus qu'il n'a tenu à fournir son explication personnelle de l'origine du style ogival. Il est donc resté dans le vague. De même y avait-il incertitude quand, en parlant du style moderne, on y voyait figurer du Louis XII, du Henri II et même du Henri IV ; quoique alors il pouvait presque toujours citer des dates certaines. Mais notre auteur ne tomba pas dans la confusion si fréquente d'un plein-cintre roman avec un arc du XVIe ou du XVIIe siècle ou avec un arc romain, deux erreurs, grossières en apparence, mais fort communes, même chez des observateurs très distingués.

Quand on vient à examiner la quantité considérable de petites églises, inventoriées par l'abbé dès le début de ses travaux, avec les éléments très restreints qu'il possédait, on est vraiment forcé de lui reconnaître un talent supérieur comme monumentaliste.

Nous insistons sur ce point, et nous ajoutons qu'on n'a pas relevé d'erreurs graves dans ses descriptions d'églises. N'oublions pas qu'il n'avait pas de documents chronologiques, qui font absolument défaut pour nos églises de campagne jusqu'au XVe siècle. Et à quelle époque pouvait-il dater la fondation de telle ou de telle paroisse ? Chacun sait que dans le pays de Caux on peut remonter aussi haut qu'on veut sans jamais tomber sur une limite chronologique certaine. Le reproche qu'on a fait à l'abbé, d'avoir trop négligé les ressources de la paléographie, nous semble donc un peu superficiel. Puis combien de monuments paléographiques antérieurs à l'an 1300 aurait-il rencontrés qui eussent présenté quelque intérêt pour des classifications archéologiques ? L'examen des monuments devait lui fournir une méthode plus certaine sinon infaillible. En Normandie, l'esprit positif a eu, de tout temps, libre carrière. L'industrie de l'habitant n'a jamais été prise en défaut, et on y a toujours rebâti sur les ruines de l'année précédente. Il en résulte que chaque période, chaque époque, même chaque quart de siècle, s'est traduit par des constructions d'un caractère nouveau. Donc, théoriquement parlant, chaque fait historique y est représenté par un indice archéologique. Un esprit exact et de bonne critique chez un homme actif, non prévenu par les subtilités triviales d'une méthode exagérée, ne demandait donc que de l'attention et de l'à-propos pour enrichir chaque jour la science de quelque découverte, de quelque application.

Il évita aussi les décevantes théories du symbolisme monumental, système aisé en apparence mais où tant de plumes novices ont répété et répéteront longtemps encore les mêmes inutilités. Ah ! s'il avait rencontré des églises plus anciennes que celles du XIe siècle, c'eût été différent. Mais pareille bonne fortune ne vint pas lui échoir. Et l'abbé Cochet avait la conviction qu'un moment plus favorable se présenterait, où l'étude des monuments serait complète et absolue et où les rapprochements seraient plus faciles à établir. Est-il besoin de dire que, même pour la Seine-Inférieure seule, ce travail n'a pas été terminé.

L'abbé Cochet ne termina pas l'étude des églises des arrondissements de Rouen et de Neufchâtel. Nous serions trop heureux s'il se trouvait quelqu'un qui pût la faire, même avec les imperfections qu'on lui a reprochées dans ses descriptions des églises des autres arrondissements. Et en attendant, les démolitions enlèvent chaque jour quelque parcelle nouvelle à cet ensemble de monuments non décrits.

Ainsi donc, pour l'architecture religieuse, du tact et beaucoup de sagacité ; une certaine timidité pour les applications radicales des principes chronologiques aux époques de transition, voilà ce qui nous paraît avoir caractérisé le système suivi par M. Cochet.

Quant à l'architecture militaire, notre auteur ne devait que faiblement s'y intéresser. Le seul grand monument du département non encore décrit de son temps, était le château d'Arques. Deville, qui avait déjà publié de remarquables travaux sur le Château-Gaillard et Tancarville, ne manqua pas de terminer ses études par celle-là. Ce qui restait en dehors de ces trois châteaux principaux était peu de chose, et ne fut que peu ou point étudié par l'abbé. Même on voit chez lui plus que de l'hésitation quant il parle de forteresses à demi ruinées, de mottes féodales.

Ce sont des on-dit, des à peu-près, qui n'ont rien de chronologique.

Dans l'architecture civile, nous retrouvons encore moins de conclusions, et les premières illusions, chères aux jeunes antiquaires, le guidaient encore, quand il étudiait les constructions des villes du moyen âge. Il est vrai que quelques monographies très approfondies, déjà publiées sur ce qu'il y avait de bien important, et le très bel ouvrage de Delaquérière et Langlois, sur les maisons de Rouen, ne laissaient plus qu'un champ des plus limités à explorer. Quant aux manoirs, exploitations rurales, seigneuries, fiefs de haubert, demi-fiefs, quarts de fiefs ; quant à l'histoire de la noblesse et de son rôle économique au moyen âge, on peut dire que tout cela était presque étranger à notre auteur, dont l'éducation était, d'ailleurs, sacrée et non profane. Pour compléter ses travaux en ce sens, il faudrait les rapprocher de plusieurs autres, que nous n'avons pas pour mission d'étudier ici.

Revenu au Havre, il prit une part active à la fondation d'une société pour le mariage des pauvres.

Un auteur d'un certain mérite, J. Morlent, préparait à cette époque, une belle publication, sur *Le Havre et son arrondissemeut,* laquelle tient encore le premier rang parmi les publications de ce genre. Plusieurs très bons articles furent rédigés par l'abbé Cochet, qui donna ainsi la mesure d'un véritable talent et fut peut-être celui des collaborateurs qui assura le succès de l'ouvrage. On sera probablement de cet avis si l'on se rappelle qu'il écrivit les notices sur Étretat, Bruneval, les environs de Criquetot et Lillebonne. De jolies gravures à la manière noire enjolivaient ce beau recueil. Il ne faudrait pas lui attribuer l'article sur le Havre, qui est rempli d'inexactitudes, ni celui sur Graville, qui a été écrit avec talent mais sans chronologie sérieuse.

De son côté, l'abbé Cochet publia une très bonne petite monographie de l'abbaye de Graville, qui montre des recherches très approfondies sur un sujet cher à tous les havrais. Plus d'un a voulu refaire le même ouvrage, mais il est difficile d'éviter de faire des emprunts à celui-ci, surtout avec le complément qu'il y a ajouté de nos jours sur le tombeau de sainte Honorine.

Cette petite église de Graville montre bien d'ailleurs comment un auteur sérieux devait aborder de front toutes les difficultés de l'histoire locale. A propos de ce modeste monument, on avait fini par confondre le vrai et le faux comme à plaisir. Les uns parlaient du IXe siècle, d'autres présentaient l'effigie d'un *Jupiter tonnant.* Puis on prétendait qu'à une époque relativement rapprochée de nous, des navires venaient s'amarrer aux *anneaux* des murs de l'abbaye ; enfin que d'immenses souterrains reliaient l'abbaye au château. De ces dernières assertions, qu'il trouvait extravagantes, l'abbé ne soufflait mot. On devait comprendre pourquoi, lorsque plus tard on rencontra à la bibliothèque de Rouen un manuscrit où des indications plus précises montraient que ces *anneaux* avaient été signalés beaucoup plus bas, sous la route, et que ce souterrain avait existé à la fin du XVIIe siècle, sous forme de conduite d'eau prenant les sources de la côte pour alimenter les fossés et le vivier du château.

Mais pour le reste, il n'épargna pas ses recherches, et il arriva à la conclusion que le *Jupiter tonnant* était un saint Christophe, et que l'Abbaye était du XIe et du XIIe siècles, sauf quelques parties évidemment plus modernes et la fenêtre du portail. Quant à sainte Honorine, il crut retrouver les traces de son habitation à Mélamare, entre Saint-Romain et Lillebonne. Un jour, pendant les persécutions, « les Romains de Lillebonne martyrisèrent Honorine et jetèrent son corps dans la Seine à Tancarville. Ce corps échoua sous Graville et fut recueilli par des chrétiens qui cachèrent le corps dans le flanc de la côte. Un peu plus tard le christianisme fut reconnu dans cette partie des Gaules, et les tombeaux cachés des martyrs devinrent le point de départ des cryptes ou des basiliques qu'on édifia auprès des baptistères. » Un incrédule pourrait dire qu'à ce moment la trouvaille d'un sarcophage romain suffisait à édifier toute la légende. Nous préférons cependant suivre la tradition, comme l'abbé Cochet, et croire que les habitants de la localité savaient à quoi s'en tenir. Voilà donc, dès 1839, une étude complète sur un point d'hagiographie assez difficile, et en même temps sur une abbaye ayant quelque importance, étude, nous le répétons, très approfondie et à laquelle il reste bien peu à ajouter. On eut donc raison de qualifier *d'excellentes* les premières publications de l'abbé.

Encouragé par cet accueil, et suffisamment fixé sur sa chronologie monumentale, il s'occupa avec activité de la rédaction de son étude sur les églises du département, c'est-à-dire de son principal ouvrage. Il commença par les églises de l'arrondissement du Havre, qu'il groupa par monographies séparées. Les deux volumes qui devaient bientôt paraître sont presque introuvables aujourd'hui. C'est peut-être pour cela que tant de critiques les ont oubliés. Né dans le pays, que nous avons parcouru, commune par commune pendant vingt ans, nous ne pouvons, nous, les considérer que comme les livres classiques par excellence de notre région monumentale. Ce qu'ils dénotent de travail, d'études suivies et de courses répétées, suffit déjà à justifier la réputation que devait acquérir notre auteur. Ajoutons que celui-ci ne trouvera pas beaucoup d'imitateurs dans ce genre; il ne peut être donné à tout le monde d'endurer de pareilles courses par tous les temps. L'abbé Cochet lui-même, malgré sa charpente robuste, ne tarda pas à voir sa constitution sérieusement attaquée à la suite de trop grandes fatigues.

Ses voyages à Dieppe et à Rouen lui furent d'ailleurs très profitables. A Rouen il entrait dans un milieu un peu nouveau s'il s'agissait de l'architecture religieuse. Pourtant il resta fidèle à ses édifices ruraux, et se garda bien de *commettre* de ces essais plus ou moins heureux que les belles cathédrales font éclore si abondamment, sans qu'au bout d'un demi-siècle on voie encore rien de bien complet. L'abbé eut le sentiment vrai de la difficulté de cette tâche, qu'il se réservait pour la dernière. Avant de l'aborder, il croyait devoir étudier les arrondissements de Dieppe, d'Yvetot et de Neufchâtel. Et souvent il doutait de pouvoir terminer tout cela. Mais le cercle plus étendu des connaissances archéologiques, et même littéraires, à Rouen, lui fut favorable à plusieurs égards. La *Revue de Rouen*, qui paraissait alors, était des plus prospères; on la relit encore de nos jours avec plaisir. Ceux qui aiment à rechercher les premiers travaux de notre abbé y verront des notices intéressantes sur les habitations romaines d'Étretat et de la forêt des Loges.

Malgré l'exactitude des détails, et la chronologie bien marquée qui en est la conséquence et qui devait satisfaire tous ses confrères, notre antiquaire dissimule à peine un certain mécontentement: ce n'était pas là ce qu'il cherchait; ces maisons de campagne des colons romains paraissaient bien peu de chose auprès des magnifiques découvertes qu'on avait faites à Lillebonne. Devait-il rester au dernier plan, en fait de belles trouvailles? Après tout ce qu'il avait espéré rencontrer à Étretat et à St-Jouin, où une collection de vases romains en argent venait d'échapper aux antiquaires; après les heureuses rencontres d'objets précieux et artistiques faites toujours plus loin, à Cailly et à Epinay, la chance ne venait décidément pas le favoriser.

L'Académie de Rouen, cependant, tint à honneur de lui ouvrir ses portes. On se rappelle encore la hardiesse de son discours de réception, où il dépeignait si bien son caractère de prêtre et de savant. Tout le monde avait déjà entendu parler de lui, ou le connaissait. On approuvait ce jeune chercheur, cet émule de l'abbé Belley, ce digne continuateur de Rever et d'Emmanuel Gaillard. Homme de paix et de travail, il venait faire trêve aux querelles de ses prédécesseurs. Comme parleur, il rachetait une forme un peu inculte par une sorte de déclamation pompeuse qui rappelait parfois les orateurs du grand siècle. Ce qui le caractérisait surtout, c'était la conviction et la bonne foi qu'il apportait à toutes ses recherches. Quant à sa manière personnelle d'entretenir son auditoire, elle se ressentait déjà de ses fatigues. La voix devenait caverneuse, et des insomnies suivaient chaque discours ou chaque sermon. L'air de la mer redevenait presque une nécessité, du moins c'était ce que ses confrères médecins lui affirmaient. On craignait même de violents troubles dans le système sympathique, qui pouvaient réagir fatalement sur les organes essentiels et le menaçaient déjà d'hypocondrie.

L'abbé reprit donc la route de Dieppe, où il trouva moyen d'élargir ses connaissances. De nombreux voyageurs versés dans la science des antiquités, des historiens, vinrent lui faire partager le fruit de leurs études. Il abandonna tout à fait l'ancienne manière de ses prédécesseurs d'étudier les antiquités romaines ; en même temps qu'il termina ses « églises de l'arrondissement de Dieppe » 1846.

Immédiatement après, par l'exploration des cimetières saxons et francs, il inaugura le genre d'études qui lui devint le plus familier.

Les sépultures romaines de Neuville-le-Pollet (1844), lui avaient enseigné l'art d'enrichir les collections publiques tout en poursuivant des études importantes, que le public suivait avec intérêt. Tout cet attirail de verrerie antique, de vases de toutes couleurs, si élégants chez les anciens, excitait même la curiosité. Les marques des potiers romains et des anciens verriers du pays, reconnues semblables à celles des autres contrées, indiquaient des relations beaucoup plus étendues qu'on n'aurait supposé. Cette côte normande avait été donc bien favorisée pendant les heureux jours du Haut-Empire, que chaque jour on avait la preuve nouvelle d'une civilisation qui avait été si raffinée. Il avait beau protester contre les antiques divinités, avec lesquelles son pays semblait avoir fait un pacte si ancien et si durable, et constater avec indignation que Mercure et Bacchus se rencontraient partout, Apollon et Diane beaucoup plus rarement, il fallait en prendre son parti : cette civilisation avait été brillante, tant qu'elle était restée païenne. Avec les nouvelles doctrines, on constatait l'invasion des pirates, l'envahissement du sol par des barbares, et partout des ruines et des cendres ; quelques rares objets d'art seulement ne se révélaient que pour mieux montrer la décadence complète des arts et la sauvagerie brutale des nouveaux habitants du sol. Tout en ayant une foi robuste en la supériorité morale des nouveaux venus, il ne pouvait, comme historien, se lasser de regretter les bienfaits de l'ancien monde païen. Mais plusieurs découvertes de sépultures des derniers temps de l'empire vinrent le rendre plus attentif. A Londinières ce n'était plus de la transition, c'était un monde nouveau, ou un monde mal connu tout au moins. Quand il fut question d'Envermeu (1850), la discussion devint personnelle. Un beau jour, M. Fallue s'avisa de démontrer que ces sépultures prétendues mérovingiennes n'étaient que du Bas-Empire. Plus d'un confrère, même bienveillant, fut d'avis que Deville n'avait pas été si vite remplacé qu'on s'était plu à l'imaginer.

Léon Fallue et plusieurs autres écrivains ne pouvaient pardonner à l'abbé le ton acerbe et railleur qu'il ne craignait pas d'affecter à leur égard chaque fois qu'une malheureuse erreur leur échappait. Ils se faisaient écouter à Paris, disant que toutes ces nouveautés n'étaient que des contes de province, présentés avec beaucoup de savoir-faire, mais sans science réelle. L'abbé Cochet ne reconnaissait-il pas lui-même qu'il faisait bon marché des textes anciens, et même de la numismatique, bien inférieure selon lui à la céramique, comme indication chronologique exacte? De plus il exagérait l'importance ancienne du pays avec cette nouvelle géographie cauchoise, où chaque lieue carrée presque venait prendre de l'importance.

— « Etudiez votre pays aussi sérieusement que j'étudie le mien, répondait l'abbé, vous en serez également récompensé sans doute ».

Mais quelques esprits trop absorbants ne voulurent pas admettre la bonne foi de ses recherches. Ils ne comprirent pas que l'abbé Cochet était un homme infatigable, spécialement doué pour des découvertes de ce genre. Quelques-uns eurent même la malencontreuse idée de renchérir sur lui par des bouleversements de terrain considérables... mais où le terrible brocanteur venait souvent fournir un appoint... d'objets plus ou moins authentiques.

Ailleurs qu'à Dieppe, l'abbé Cochet se serait peut-être découragé devant cette hostilité systématique. Mais il trouva tout près de lui un partisan déterminé qui faisait peur à bien des gens. Féret, l'explorateur de l'antique cité de Limes, avec lequel Léon Fallue avait déjà été en désaccord en présentant son système de camps-refuges gallo-romains. Féret écrivit dans la *Revue de Rouen*, un article très sérieux où, non seulement il prouva que son ami Cochet était dans le vrai, mais même qu'on pouvait démêler les Francs d'avec les Saxons, les Burgondes et les Alamans. Suivant les observateurs impartiaux d'après lui, on ne pouvait nier que la grande vallée de Londinières était un vaste tombeau des armées de Clovis et de ses successeurs. On pouvait même prouver que quelques-uns de ces tombeaux descendaient chronologiquement jusqu'à Charlemagne et Charles le Chauve, en un mot qu'on comblait là la lacune historique que l'archéologie avait laissée jusqu'alors entre l'empire romain et les invasions des scandinaves.

Le docte Féret, qui écrivait peu et publiait encore moins d'habitude, se montra cette fois abondant dans ses développements : Allait-on nier jusqu'à l'existence des rois de France de la première race ? On pouvait au contraire montrer un monument incontestable, datant même de la fin du Ve siècle : le tombeau de Childéric, découvert depuis nombre d'années à Tournai. — Mais on n'y avait vu que des monnaies romaines ; pas une seule pièce franque ! — Le numéraire romain, disait prudemment Féret, était si nombreux qu'il circule encore de nos jours dans les campagnes ; ce n'est guère qu'avec les Carlovingiens qu'on voit les monnaies françaises. Les chroniques rédigées dans les monastères sont latines ; il est vrai qu'on y parle des empereurs d'Orient comme des véritables souverains des Gaules jusqu'à la fondation de l'empire d'Occident. Mais tout cela cède à l'évidence historique de la chute de l'empire romain. Pourquoi d'ailleurs refuser absolument aux habitants de l'ancienne Gaule Belgique les bénéfices de leur voisinage avec les peuplades de l'Escaut. Quoi d'étonnant après tout à ce qu'en dehors de la Celtique ou de la Lyonnaise, on trouvât des parentés si rapprochées dans un pays borné, à l'Ouest, par un grand cours d'eau comme la basse Seine, mais séparé de la Meuse et de l'Escaut par des rivières très faciles à franchir, ce que bien d'autres militaires que les Francs s'étaient chargé de prouver au moyen âge.

Le temps aurait montré ce qu'il y avait de sensé dans l'argumentation, très serrée d'ailleurs, du vieil antiquaire dieppois. Mais pendant le plus chaud de la discussion, qui tournait à l'aigre contre l'abbé Cochet, celui-ci découvrit un tombeau de guerrier où une bourse oubliée fit voir inopinément cinq petites monnaie d'or si peu romaines et tellement barbares qu'on osa à peine essayer de les déchiffrer. Mais le fait était établi, et c'étaient bien des vrais tiers de sol mérovingiens qui venaient confirmer les dires des Dieppois.

Une revue enregistra le fait avec des réserves presque insultantes. Mais rien n'y pouvait. Il fallait accepter les faits et reconnaître que l'opposition avait été maladroite et non justifiée.

Jaloux de faire un beau livre, qui deviendrait classique pour l'étude des sépultures, l'abbé Cochet rassembla les récits de toutes les explorations dans la Seine-Inférieure. De très curieuses découvertes au Mesnil-sous-Lillebonne vinrent heureusement enrichir le cadre déjà un peu usé des antiquités de *Juliobona*. Mais, comme on le pense bien, il réserva ses meilleures dissertations pour les plus nouvelles explorations des tombeaux francs. On recommença de plus belle à les critiquer ; on souligna durement une erreur démontrant que l'auteur n'était pas présent à toutes ces découvertes : une prétendue couronne, qui n'était que l'armature d'un petit seau, était venue en effet coiffer malencontreusement un crâne mérovingien quelconque.

Théoriquement parlant, l'abbé Cochet terminait avec la *Normandie souterraine* les études nécessaires à un grand ouvrage sur la Seine-Inférieure, où toutes les époques devaient être représentées et décrites. On ne manqua pas de lui faire comprendre combien ce projet était ambitieux, surtout avec ce titre si général, qui promettait d'englober toute l'histoire et l'archéologie de la province. Peut-être comptait-il sur des concours qui lui firent défaut. Mais en attendant il refit sa *Normandie souterraine*, qui eut un bon succès à Paris.

La supériorité de la capitale a toujours résidé dans l'impartialité qu'un travailleur persévérant finit par y rencontrer. Rien ne venait trop vite, il est vrai, pour l'abbé Cochet ; son huitième gros volume et sa soixantième brochure lui valaient un prix à l'Académie des inscriptions. Ses prédécesseurs avaient été beaucoup plus heureux, et en moins de temps surtout. Il dut donc faire des réflexions qui l'engagèrent à modifier sensiblemens sa méthode.

A notre avis, il accorda même trop de concessions. En quelque sorte homme nouveau à Paris, il céda un peu à l'entraînement qui mettait en lumière tant d'hommes écartés jusqu'alors. Après tout, il n'avait joué qu'un rôle très effacé sous les régimes précédents ; et qu'était-il lui-même, quoique descendant d'une ancienne famille bourguignonne, sinon le fils d'un maître canonnier de Napoléon? Les souvenirs du premier Empire étaient encore vivaces à Étretat, pendant sa première jeunesse. Une ère de paix et de prospérité lui parut, de bonne foi, devoir être la conséquence du nouveau gouvernement.

Nous voilà donc bien loin des premiers enseignements de Gaillard, Deville et de Le Prévost. Aussi ne sera-t-il plus question qu'incidemment des églises du département considérées comme étude historique. C'est l'archéologie sépulcrale qui devient le thème favori de notre auteur.

Pour fixer en quelque sorte les bases de cette nouvelle critique, il fit suivre la *Normandie souterraine* d'une sorte d'appendice intitulé : *Sépultures gauloises, romaines, franques et du moyen âge*. On peut y étudier les divers modes de sépultures depuis les Gaulois jusqu'au XVIIe siècle. C'est donc un véritable traité complet sur la matière.

Des Gaulois, dira-t-on? — Il faut avouer que la Seine-Inférieure n'a rien montré de bien remarquable pour l'époque antérieure aux Romains. Ce que l'abbé Cochet appelle des Gaulois, ce ne sont peut-être que des contemporains de César. Il eut rarement l'occasion de remonter plus haut et il écarta énergiquement l'idée d'une classification bien nette pour tout ce qui ne pouvait s'affirmer par des dates incontestables. A propos de la cité de Limes, il chercha à grouper quelques faits ; mais ceux-ci sont très vagues et même bien peu significatifs. Il établit cependant plusieurs choses importantes.

Ainsi il reconnut, d'accord, avec Lambert de Bayeux, deux classes de monnaies anciennes, les unes imitées du statère grec et de ses subdivisions, les autres assez semblables aux monnaies consulaires.

Dans les grandes vallées avoisinant l'embouchure de la Seine, on recueillait de temps à autre une belle monnaie d'or sans inscriptions, où l'on croit reconnaître Apollon et le char du soleil entouré de constellations. Cette même monnaie se retrouve, avec ses subdivisions, au Sud-Est de la Grande-Bretagne. C'est presque le seul indice que l'abbé Cochet constata qui pût prouver une civilisation et des relations commerciales fréquentes à une époque plus ancienne de deux ou trois siècles environ que l'invasion. Les instruments de pierre polie lui paraissaient celtiques comme à presque tout le monde. Mais tout en encourageant ses plus jeunes confrères à rechercher des dates plus précises pour ces époques alors si mystérieuses, il évita soigneusement un terrain qui était encore imparfaitement étudié. Sous le nom d'époque *anté-romaine*, il adopta donc provisoirement une classification analogue à celle-ci :

Epoque ancienne.

Instruments de pierre polie (on n'en connaissait guère d'autres à cette époque) ; camps-refuges comme ceux du Canada, de la cité de Limes et de Sandouville.

Epoque Gauloise archaïque.

Monnaies d'or imitées du type grec ; épées en bronze ; coins et pointes de lance en bronze, et leurs moules.

Epoque Gauloise.

Monnaies imitées des types consulaires ; épées en fer facile à ployer ; sépultures à incinération ; vases en terre en forme de pots à fleurs et de pot-au-feu.

Nous ne donnons ces données que comme approximatives. Ainsi il croyait que les pierres polies et les hachettes de bronze dataient un peu de tous les temps. On remarquera cependant qu'il était devenu très affirmatif pour les camps-refuges ; tandis qu'à ses débuts il avait penché vers l'opinion de ceux qui les croyaient des bas temps de l'Empire. Mais quelle question difficile que celle-ci ; que ne trouve-t-on pas auprès de ces immenses remparts ? C'était bien d'ailleurs l'avis d'Emmanuel Gaillard auquel il revenait. Peut-être les récits de Mérimée, qui en rencontrait de semblables en Bretagne, furent-ils la cause de ce revirement d'idées.

Si nous avons critiqué les travaux d'ensemble vus un peu de trop loin, et les programmes trop détaillés qui ont été nuisibles à l'archéologie de de la Seine-Inférieure, nous sommes obligés de reconnaître que pour les époques antérieures aux Romains, ils ont rendu de grands services en faisant connaître des faits qui ne pouvaient être expliqués sans être groupés. Ainsi, après tout ce qu'on a dit contre les Congrès internationaux d'archéologie préhistorique, est-on obligé de convenir qu'ils ont amené des éléments tout nouveaux qui ont complètement déplacé les questions chronologiques.

A d'autres le soin d'approfondir ces questions. Quand nous aurons ajouté que l'abbé Cochet voulut se rendre compte par lui-même des découvertes de Boucher de Perthes, et que, malgré l'opinion préconçue qu'on lui supposait, il admit comme exactes les constatations faites en Picardie, et qu'il ne se laissa pas entraîner à adhérer aux idées de l'abbé Bourgeois et des partisans de l'homme de l'époque tertiaire, nous aurons dit à peu près tout ce qui le touche dans ces époques si difficiles à déterminer. D'ailleurs, il n'avait pas étudié la géologie. Il s'en tenait donc de préférence à son histoire écrite, et dès qu'il ne savait plus comment dénommer les individus dont il rencontrait les sépultures, il les abandonnait bien volontiers. « *Pas de cercueils, pas de vases, pas d'ornements, pas un clou!* (disait-il un jour à Graville en examinant les squelettes de toute une tribu qui semblait avoir été massacrée avec ses enfants, ses animaux et complètement dépouillée) *que voulez-vous dire de ces gens-là ? Mettons qu'ils sont de l'époque piratique, ou bien disons que nous n'en savons rien* ».

Mais s'il abandonnait les sujets vagues, il aimait à approfondir les autres. Depuis la publication de la *Normandie souterraine*, il ne cessait de recevoir des demandes de nouveaux détails sur les Francs. Il eut l'idée de reprendre le récit de la découverte du tombeau de Childéric, en l'appuyant de tous les renseignements qu'il pouvait emprunter aux mobiliers funéraires des tombeaux de la Seine-Inférieure et des autres contrées.

Personne ne pouvait mieux que lui réussir cette étude. Il intitula l'ouvrage « le tombeau de Childéric Ier, roi des Francs, restitué à l'aide de l'archéologie et des découvertes récentes faites en France, en Belgique, en Suisse, en Allemagne et en Angleterre », et bien des antiquaires le considèrent comme un véritable chef-d'œuvre.

Un autre chapitre de l'histoire nationale qu'il écrivit à la hâte, mais avec un succès en quelque sorte admirable, porte comme titre : « Pierres tombales trouvées à Leure en 1856 ». On démolissait l'ancienne église de St-Nicolas de Leure, tout proche de la première enceinte du Havre-de-Grâce, lorsqu'on recueillit des magnifiques dalles tumulaires qui n'étaient rien moins qu'un certificat de vieille noblesse pour Leure et tous les environs du Havre. Il y avait là les effigies des capitaines de la grande flotte de 1340, qu'on avait armée en grande partie au port de Leure. Ce port, encore appelé *Oyra* sur le vieux portulan catalan de Charles V, avait fourni quarante-deux navires commandés, entre autres capitaines, par les Guillaume Malet, du Moustier, de Grouménil, de Tourneville ; les Bérenguier, Rose, Ancel, Hélye, Bunel, Fierespée, Haquet, De la Croix, etc., noblesse maritime dont l'anéantissement à la veille de la grande guerre fut un sacrifice presque mortel pour la France.

De Leure aux salines du moyen âge, sans parler des souvenirs de l'ancienne industrie vinicole ; des salines de Leure à celles de Bouteilles, il n'y avait qu'un pas. Et des chroniques du XIVe siècle nous retournons à celles du XIIe. A Bouteilles l'abbé Cochet put compléter ses recherches sur les sépultures pendant la période anglo-normande.

Après cela nous le voyons s'occuper activement des travaux des comités historiques. Loin de nous la prétention de critiquer les travaux des hommes distingués qui firent de si belles recherches et encouragèrent des études si sérieuses. Mais de combien d'inutilités ne devaient-ils pas accepter le patronage? Il faut avoir le courage de reconnaître que la collaboration de la province n'y fut pas très heureuse. Ces programmes trop fréquents venaient dérouter les hommes studieux et provoquer beaucoup plus de mouvement que de travail. Que de mécomptes il y eut alors!

On a fait assez d'expériences semblables pour être fixé aujourd'hui sur ces immenses travaux préparatoires qui doivent servir plus tard seulement. Puis quel bon marché on y fait toujours de la critique locale, qu'on ne saurait froisser impunément. En touchant à la forme d'un auteur ami des lettres et de l'histoire de son pays, on s'expose fort à tout perdre. Ne peut-on laisser une certaine indépendance aux savants de province, qu'il faut bien se garder de morigéner à l'exemple de certains pédants, qui se croient la science infuse? Selon nous tout est à refaire dans ces essais d'organisations.

L'abbé Cochet sacrifia beaucoup de son temps et de sa santé en préparatifs qui ne furent pas très utiles. Il crut un moment qu'il pourrait centraliser des travaux archéologiques et historiques au moyen d'une nouvelle revue. Hélas, que les temps étaient changés depuis l'ancienne *Revue de Rouen*; quelle division écœurante entre tous les groupes! Autrefois, poètes, graveurs et littérateurs se pressaient pour offrir de jolis travaux. Maintenant c'était à qui s'en éloignerait, comme pour témoigner de la mort de l'esprit de province. Puis les collaborateurs de l'abbé se faisaient si petits à côté de lui que le public s'impatienta, et même se fâcha après quelques flagorneries trop recherchées qu'on eut la faiblesse de laisser passer. « Pas assez de critique, disait-on, trop de vieilles vignettes, et pas de bonnes lithographies. Soyons archéologues, oui toujours, mais quelquefois un peu artistes, cela ne gâte rien ».

L'abbé Cochet ne comprenait pas trop bien cet insuccès, et il s'irritait. Il fut bien plus mortifié quand beaucoup de ses amis lui reprochèrent sa sortie un peu dure contre Léon Falluc, après le décès de celui-ci. On ne l'accusait plus maintenant d'être trop *prêtre*, il ne l'était plus du tout assez. Faire un journal, même une revue, quel écueil pour un grand homme ! Nous croyons sincèrement que notre auteur y perdit beaucoup, qu'il se fit beaucoup d'ennemis parmi des personnes qui n'avaient pas assez d'éloges pour lui auparavant. Bref, il n'était pas là à sa place ; mieux eût valu terminer les monographies des églises du département.

Il est vrai que, toujours travailleur, il intéressa

fortement son monde avec le récit de la « découverte du cœur du roi Charles V à la cathédrale de Rouen ». M. Costey du Havre en fit l'objet d'une très jolie édition. L'année suivante l'abbé retourna à Montivilliers où la collection Bonvoisin était gardée à vue par un antiquaire dévoué, dont on aura à faire l'éloge plus d'une fois. Ce zélé disciple de Winkelmann lui parla avec enthousiasme du Fontenay, où des découvertes romaines se produisaient de temps à autre. Des dieux lares, un petit Silène accompagnaient de jolis vases en terre dite de Samos. Mais l'abbé évita de se prononcer sur des statuettes d'apparence presque égyptienne qu'on lui montra en même temps. Il apprit du même confrère la découverte de cornets acoustiques dans les voûtes de l'abbaye. Ces cornets étaient en usage depuis qu'un mobilier encombrant était venu assourdir la voix des fidèles.

Un autre archéologue zélé lui fit connaître à Caudebec les tombeaux de plusieurs abbés de Jumièges et des nouvelles sépultures gauloises à St-Wandrille. Puis il étudia la belle tombe romaine découverte dans une sorte de catacombe creusée dans un rocher calcaire à Lillebonne.

Jamais on n'avait rencontré dans le département une aussi remarquable sépulture que celle-ci. Il y avait de l'argenterie, des strigilles, de la chair musculaire, encore reconnaissable dans une urne en verre ; une stèle représentant la divinité dont le défunt devait avoir été le grand-prêtre. L'abbé arriva un peu tard et ne vit plus toutes ces merveilles en place, mais la description qu'il en publia n'en fut pas moins remarquable. Il profita aussi de l'occasion pour rectifier quelques erreurs de détail qu'on lui avait signalées dans ses ouvrages précédents sur les objets enfouis avec les cendres des païens.

Un ami des plus dévoués lui fit explorer de curieux tombeaux gaulois à Varimpré, dans la forêt d'Eu.

Presque en même temps l'auditoire du congrès ministériel eut la bonne fortune de la communication de l'abbé sur « les ports et havres dans l'antiquité et au moyen âge », sujet de circonstance traité par un savant né entre Sainte-Adresse et le Havre, élevé à Etretat, et demeurant à Dieppe.

On voit que s'il abandonnait un peu ses églises, il n'en était pas moins toujours l'homme occupé par excellence. Il marchait même trop pour des objets auxquels des collaborateurs auraient dû suffire, à propos surtout de collections qui venaient encombrer les galeries des musées. Il lui fallait intervenir dans des marchandages sans fin depuis la maladie de M. Pottier. Il s'usait donc vite. Mais il retrouvait son énergie dès qu'un bon prétexte lui permettait de retourner à la campagne. Cette année de la découverte de Lillebonne, 1864, il reçut le titre de correspondant de l'Institut, qu'il avait donc mis trente ans à obtenir. En 1867, il fut choisi comme directeur du musée d'antiquités de Rouen. Tout cela venait trop tard. Ce n'est pas lorsque les savants ont été épuisés par leurs travaux qu'on doit se décider à leur demander une collaboration active.

Il s'occupa cependant de rédiger consciencieusement le catalogue du musée d'antiquités, tâche grandement facilitée par le soin que Deville avait apporté aux registres, presque toujours accompagnés de dessins. Aussi ce catalogue peut-il être cité comme un modèle du genre : concision, exactitude dans les détails, tout s'y rencontre. Mais le temps devait lui faire défaut pour entreprendre les travaux nécessaires dans le jardin servant de musée lapidaire.

En 1867, la découverte du tombeau de sainte-Honorine à Graville ramène l'abbé à ses premiers travaux ; puis il étudie la statue de Henri court Mantel et le tombeau du duc de Bedford, à la cathédrale de Rouen.

L'année suivante, il s'occupe d'une statue de St-Victor-l'Abbaye, attribuée à Guillaume le Conquérant. Il fait aussi deux bonnes conférences à Rouen aux séances du congrès régional. La première résume tous ses travaux sur les sépultures du pays, depuis le temps des Romains jusqu'à nos jours. On voit qu'en quinze ans cette science toute spéciale des sépultures s'était enrichie d'une foule de nouvelles découvertes, qui toutes étaient venues confirmer les premières données de l'abbé. Il pouvait donc la considérer comme sienne, et personne ne songeait plus à contester une supériorité aussi marquée dans cet ordre de recherches.

Il ne perdait cependant pas l'espoir de terminer un grand ouvrage d'ensemble sur la Seine-Inférieure. Les deux éditions qu'il venait de faire sous le titre un peu général de «la Seine-Inférieure historique et archéologique» offraient un curieux résumé des époques gauloise, romaine, franque et normande, et sont des plus utiles à consulter, comme bibliographie surtout. Mais le moyen-âge n'y était pas assez étudié; il fallait d'abord terminer l'étude complète des églises du département, et il lui manquait encore la description de celles des arrondissements de Neufchâtel et de Rouen.

Nul doute qu'il eût mené à bonne fin cette tâche, déjà très avancée. Mais il s'attacha d'abord à remplir le programme du Comité des sociétés savantes, c'est-à-dire qu'il refondit tous ses ouvrages sur l'archéologie pour en former un répertoire du département.

Dans ce genre d'ouvrages, les renseignements se retrouvent facilement, dès qu'il s'agit surtout d'un fait saillant. Mais ce ne sont plus que des résumés subordonnés à la géographie des cantons, résumés toujours incomplets d'ailleurs et qui auront surtout leur valeur s'ils sont souvent réédités, lorsque le même travail aura été fait pour toute la France.

Mais à cette époque, on n'était plus toujours écouté quand on parlait d'édifices religieux. On vous renvoyait volontiers aux vases romains et francs, en vous refusant le droit d'émettre une opinion à propos d'une démolition ou d'une reconstruction. Quelques architectes, forts de cette autorité « de facto » de la pierre et de la truelle, avaient toujours le dernier mot et faisaient souvent valoir leur propre système. Aux concours académiques et littéraires des *Inscriptions et Belles-lettres*, où l'académie fut toujours digne de ce nom et laissa toujours une si grande liberté de forme aux concurrents, on ajoutait les congrès périodiques, les concours entre les sociétés savantes ; mais en étendant le cercle, on l'élargissait beaucoup et on finissait par y amener de la confusion. Pour les travaux de restauration on se guidait bien plutôt sur le service des beaux-arts et de l'architecture. De la sorte on arrivait forcément à mettre de côté les hommes qui parcouraient tous les jours leur province et en connaissaient les besoins. Des études critiques remplacées par des fiches numérotées, n'est-ce pas là le desideratum de toute bonne administration ! Et des inspecteurs qui ne connaissent jamais les découvertes faites dans leur département qu'après tous les autres, trop éloignés qu'ils sont de leur province, ne voilà-t-il pas un joli résultat après tout ce qui avait été si pompeusement annoncé !

L'unité de vues, désirable pour les restaurations, échappait donc de plus en plus à la province ; et il fallait ou suivre la centralisation dans les moments urgents, ou se borner à des protestations inutiles et irritantes.

Quant aux travaux de la Commission de la topographie des Gaules, on les a vus présentés sous un jour trop favorable d'abord, puis dénigrés systématiquement. C'est donc plutôt aux antiquaires de l'avenir qu'il appartiendra de juger avec le sang-froid et l'expérience nécessaires tant de travaux qui devaient certainement avoir leur mérite. Mais à l'époque que nous citons, les désillusions étaient grandes et la critique ne cachait guère ses objections et son désappointement.

En mars et mai 1870, l'abbé Cochet eut le plaisir d'enregistrer deux magnifiques découvertes.

La seconde avait lieu à quelques centaines de pas seulement de la maison où il était né. (Cette maison a été reconnue depuis par M. Braquehais, aux numéros 3 et 5 de la rue Ulysse-Guillemard). Les Frères Prêcheurs, en établissant le jardin et les galeries de leur cloître rue des Gobelins au Havre, tombaient sur une portion de terrain encore en friche, et y rencontraient, entre autres pièces funéraires, un magnifique vase en terre rouge sigillée dans le style grec. Mars, Vénus, même Anchise et Eros s'y retrouvaient, au milieu d'élégants rinceaux et de bouquets de feuillage. De mémoire d'antiquaire on n'avait jamais rien vu d'aussi beau. Enchanté l'abbé demanda à continuer les fouilles ; ce qu'il ne put faire que l'année suivante. Mais il devait y trouver la confirmation de cette trouvaille, plus un peu de poterie gauloise.

La première découverte, beaucoup plus importante, ne put s'apprécier si bien le premier jour. En déracinant un poirier dans la cour d'une auberge à l'entrée de Lillebonne, on rencontra de la résistance dans le sous-sol. C'était un immense pavage en mosaïque. D'abord on commença par en détériorer une partie ; puis un voisin, qui avait assisté à la trouvaille de la mosaïque de la forêt de Bretonne, constata le fait et recommanda les plus grandes précautions. Il reconnut un médaillon en torsade, des inscriptions et un groupe de figures, montrant un homme bandant son arc et précédé d'un cerf. Cet échantillon isolé des sujets de la mosaïque donna d'abord une fausse impression aux premiers explorateurs, qui ne jugèrent pas la composition très belle. Mais quand on eut dégagé tout le morceau, on dut se convaincre qu'on avait un monument vraiment remarquable : au centre Apollon et Daphné, dans leur beauté brillante et de grandeur naturelle ; tout autour les quatre tableaux représentant la chasse antique au milieu des bois.

Ces deux belles découvertes firent époque dans les annales de l'abbé Cochet. Mais la terrible surprise de l'invasion vint tout arrêter. Il lui fallut se rendre à son poste à Rouen et veiller à son musée, pendant que des hommes dévoués à Lillebonne sauvegardaient le petit bâtiment, qu'on avait élevé sur la mosaïque, et empêchaient l'ennemi d'en faire un dépôt de cavalerie. L'abbé fut plus heureux, et ne manqua pas de faire remarquer, avec une certaine ironie, qu'auparavant son musée n'avait que des soldats et des caporaux en fait de visiteurs militaires, tandis que maintenant les princes et les officiers supérieurs s'y succédaient sans relâche, avides qu'ils étaient de contempler les merveilles archéologiques du pays, dont on parlait beaucoup chez eux (et si peu chez nous, prétendaient quelques esprits chagrins). Mais si en homme d'esprit il lui fallut tirer le meilleur parti possible de circonstances aussi désastreuses, les angoisses n'en étaient pas moins grandes ; et ce choc irréparable acheva de compromettre une santé déjà mauvaise.

Pour ne pas s'abîmer dans toutes les réflexions désespérantes que causaient tant de malheurs publics, il travailla avec ardeur à terminer l'impression et les tables de son *Répertoire*. Nous avons dit plus haut que le plan lui en avait été tracé, et qu'il le suivit fidèlement. C'est un bien grand et un bien beau travail, et nous ne pouvons qu'en souhaiter beaucoup d'autres semblables aux éditeurs de la collection.

Dès la paix, l'abbé réclama hautement tous les

avantages possibles pour les monuments et les antiquités et, comme s'il avait le pressentiment d'une fin prochaine, il s'appliqua à former un nouveau cercle d'hommes actifs et zélés pour la science de l'archéologie. Il leur exposa ses beaux travaux de l'année précédente, leur dit que, malgré la guerre, il avait pu étudier à nouveau le sol même de Rouen lorsqu'on avait rencontré auprès de St-Ouen des sépultures superposées datant de plusieurs générations. Il engagea ses amis à s'unir pour combattre l'indifférence en matière historique, et défendre les monuments. Les enseignements avaient pacifié cette nature un peu âpre. On souriait à ces efforts qui manifestaient des signes non équivoques de fatigue, mais qui montraient toujours la foi juvénile du savant de mérite dans la valeur de son œuvre. Mais on cherchait à lui faciliter ses derniers travaux, on évitait toute discussion fatigante.

Un moment, il fut séduit par le récit d'étranges découvertes de vases étrusques dans la Belgique ; et que, bien entendu, on ne manqua pas de retrouver bientôt aussi tout près de Rouen. Il lut avec attention les comptes rendus des découvertes à l'emplacement de l'antique Troie, et il en conférait avec ses amis le jour où ceux-ci l'entraînèrent à l'inauguration du petit monument élevé à Brévière. Rien ne le trouvait systématiquement incrédule; il aimait à comparer et à examiner. Une chose était-elle vraie, c'était très bien ; était-elle possible, c'était encore bien. Véritable méthode synthétique si opposée à l'ignorance matérielle, qui demandera d'abord si le fait est *arrivé pour de vrai* avant de s'y intéresser !

Mais il n'était plus question de programmes historiques. Il n'avait plus que la réconciliation avec tous les hommes en fait de programme ; et pour nous il ne mérita jamais si bien son double titre de prêtre et de savant que dans ces dernières années. Son *Répertoire* publié, il redevenait l'écolier des premiers jours, il se laissait mener par les découvertes le plus fortuites sur les points les plus éloignés. Il restait chez ses amis, les invitait chez lui, dans les grands jours de réunion surtout. Mais alors gare les souvenirs! Quand il se reposait en laissant parler les autres, ce n'était pas pour longtemps, et bientôt il arrivait à la rescousse avec son demi-siècle de souvenirs anecdotiques, ses fameux vers de Boileau et ses comparaisons de tout genre. Puis il repartait pour s'occuper de quelque nouvelle expédition, dont il annonçait bientôt la réussite. Un jour, on lui présente un buste signé *Praxitèle* qu'il veut acheter quand même, mais qu'il abandonne ensuite en se disant, pour se consoler. que c'est une imitation comme celles que Mérimée avait signalées, c'est-à-dire d'une époque où le goût des antiquités commençait à se répandre sans qu'il y eût encore de critique bien arrêtée. Peu après, il reçoit pour son musée l'autel de Vénus provenant de Liffremont et le joli trésor de Cailly, promis depuis si longtemps.

Au Havre, aidé de son ami et élève l'abbé Duval, il restaura, dans l'église de Notre-Dame, un fac-simile de l'épitaphe funéraire des trois frères Raulin, dont l'original est conservé au Musée-bibliothèque. Mais une nouvelle enquête, qu'il commença sur le meurtre de ces trois frères, ne lui apprit rien de plus que ce qu'il en connaissait par cellesdu Parlement de Normandie.

A Fécamp, il étudia avec intérêt le curieux tombeau rencontré chez M. Leborgne. Cette sépulture d'une jeune femme, du temps de Pharamond, c'est-à-dire comtemporaine d'Eugène, offrait un sujet bien intéressant, et il applaudissait au trop modeste collègue anonyme qui fit une si bonne description des objets rencontrés et dont plusieurs étaient vraiment rares et précieux. L'heure s'approchait où il devait renoncer à des comptes rendus écrits par lui-même. Des amis allèrent visiter pour lui les trouvailles de Honfleur et de Bénerville. En échange, il consentit à suivre la dernière découverte qui lui fut signalée, c'est-à-dire celle d'Epouville. Hélas, il n'eut que le temps d'en remettre la copie, qui ne devait paraître que précédée d'une notice nécrologique!

LISTE DES SOUSCRIPTEURS

Alleaume (J.-A.), propriétaire, 55 rue du Havre, à Sainte-Adresse.
Augé (E.), libraire à Rouen, 5 exemplaires.
Beaurepaire (Ch. de), correspondant de l'Institut, rue Chasselièvre, à Rouen.
Beaurepaire (Eug. de), de la Société des Antiquaires de Normandie, 25, rue Bosnières, à Caen.
Bibliothèque publique de la ville de Dieppe.
Bibliothèque publique de la ville de Rouen.
Bidard, chimiste, 4, place Saint-Hilaire, à Rouen.
Biochet, notaire honoraire, 75, rue des Pénitents, au Havre.
Blosseville (marquis de), ancien député, à Amfreville-la-Campagne (Eure.)
Braquehais (L.), bibliothécaire-adjoint de la ville du Havre.
Cécille, notaire honoraire, 6, rue Pierre-Corneille, à Rouen.
Caraven-Cachin (Alf.), antiquaire à Salvagnac par Rabastens (Tarn.)
Desnoyers (J.), de l'Institut, 2, rue de Buffon, à Paris.
De La Porte (Augustin), de la Société des Antiquaires de Normandie, Galerie Navarin, à Lisieux.

Delessert (Alexandre), négociant, 15, rue de Bordeaux, au Havre.

Dubus (A.), économe de l'Hospice général, au Havre.

Dumont (Ernest), de la Société française d'Archéologie, 7, rue de l'Espérance, au Havre.

Dupont, architecte de l'arrondissement, à Dieppe.

Duval (l'Abbé), archiprêtre de l'arrondissement du Havre.

Duval (l'Abbé Th.-E.), chanoine, rue de l'Epée, 42, à Rouen.

Frosmont, propriétaire, rue Sygogne, 15, à Dieppe.

Gouëllain (G.), président du comité Cochet, 121, rue des Charettes, à Rouen, 2 exemplaires.

Girancourt (A. de), conseiller général, membre de la Commission des Antiquités, à Varimpré, 2 exemplaires.

Michel Hardy, archiviste de la Dordogne, 23, rue Saint-Front, à Périgueux.

Jouen (l'Abbé), chanoine à Evreux.

Kopstadt (Eugène), négociant, rue Naude, 11, au Havre.

Lamotte (Mme Abel), propriétaire, boulevard de Strasbourg, au Havre.

Le Borgne (A.), maire de Fécamp.

Lechevalier (Emile), libraire, 39, quai des Grands-Augustins à Paris, 3 exemplaires.

Legros, banquier à Fécamp.

Legros fils (A.), banquier, 15, rue Alexandre-Legros, à Fécamp, 3 exemplaires.

Lemasson (Mlle A.), propriétaire, rue Oscar-Germain, à Montivilliers.

Lemonnier (Eug.), propriétaire, impasse Lemonnier, 4, au Havre.

Maillet du Boullay (Ch.), directeur du Musée d'Antiquités, à Rouen.

Mazé, contrôleur-expert, 17, rue de la Communauté, au Havre.

Météric (Ch.), libraire, à Rouen, 15 exemplaires.

Montaiglon (Anatole de), professeur au Collège de France, 9, Place des Vosges, à Paris.

Moreau père (Frédéric), antiquaire, 98, rue de la Victoire, à Paris, 2 exemplaires.

Noel, négociant, 17, rue Regnard, au Havre.

Paray (Ch.), bibliothécaire, 16, rue Saint-Rémi, à Dieppe.

Parfait (Mlle Octavie), professeur, 6, rue de la Martinière, à Dieppe.

Pellerin (Albert), avocat, de la Société des Antiquaires de Normandie, 16, rue de Toul, au Havre.

Renard (Ch.), de la Société des Antiquaires de Normandie, impasse de Than, 22, rue Saint-Jean, à Caen.

Roessler (Mlle E.) 56, rue de la Côte, au Havre.

Votier, gardien du Théâtre romain, à Lillebonne.

Vesly (Léon de), professeur à l'Ecole des Beaux-Arts, 21, rue des Faulx, à Rouen.

Havre. — Imprimerie du Commerce, 3, rue de la Bourse.

Tiré à trois cents exemplaires.

N°

www.ingramcontent.com/pod-product-compliance
Ingram Content Group UK Ltd.
Pitfield, Milton Keynes, MK11 3LW, UK
UKHW021313190726
13839UKWH00007B/1207

9 782329 478906